Comment se nourrissent les animaux?

Pamela Hickman

Illustrations de Pat Stephens

Texte français de Dominique Chichera

Éditions SCHOLASTIC

À Caitlin – P.S.

Catalogage avant publication de Bibliothèque et Archives Canada

Hickman, Pamela
Comment se nourrissent les animaux? / Pamela Hickman; illustrations de
Pat Stephens; texte français de Dominique Chichera.

Traduction de : How animals eat.
Pour les 6-8 ans.
ISBN 978-0-439-94257-7

1. Animaux--Alimentation--Ouvrages pour la jeunesse. I. Stephens, Pat, 1950-
II. Chichera, Dominique III. Titre.

QL756.5.H5214 2007   j591.5'3   C2006-905076-7

Conception graphique : Sherill Chapman

Édition publiée par les Éditions Scholastic,
604, rue King Ouest, Toronto (Ontario) M5V 1E1,
avec la permission de Kids Can Press Ltd.

5 4 3 2 1   Imprimé et relié à Singapour   07 08 09 10

Table des matières

Il est l'heure de manger! 4

La nature nourrit 6

Toutes sortes de bouches 8

Passe les plantes, s'il te plaît . . 12

De la viande au menu 18

Rien ne se perd 22

As-tu soif? 26

Des liquides nourrissants 28

Il est l'heure de manger!

Que ressent-on lorsqu'on attrape sa nourriture avec sa langue?

Le caméléon le sait. Te sers-tu de tes globes oculaires pour avaler? C'est ce que fait le crapaud.

Viens faire connaissance avec des animaux intéressants et regarde comment ils boivent et se nourrissent!

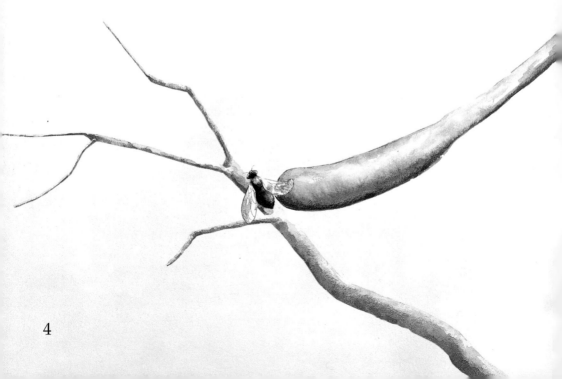

un caméléon

La nature nourrit

La nature procure aux animaux toute la nourriture dont ils ont besoin. Une souris peut grignoter des graines. Un serpent peut avaler une souris. Et une chouette peut attraper un serpent.

un muscardin

Certains animaux mangent des plantes, d'autres mangent de la viande et d'autres mangent à la fois des plantes et de la viande.

Que mangent-ils?

Peux-tu deviner ce que mange chacun de
ces animaux? Tu trouveras les réponses à
la page 32.

un balbuzard
pêcheur

un moustique
femelle

un moustique
mâle

un héron

un élan

un bombyle

une libellule

un nénuphar

un poisson

une
grenouille

une pontédérie

une sagittaire

Toutes sortes de bouches

Les bouches des animaux sont de formes et de tailles différentes. La plupart des animaux ont une bouche adaptée à la nourriture qu'ils mangent.

Certains animaux ont une langue très longue pour attraper les insectes. Les animaux carnivores ont des dents acérées pour tuer leurs proies et déchirer la viande.

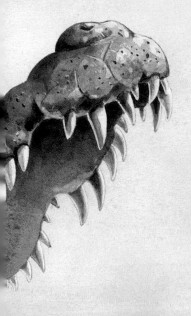

Le crocodile...

- a de grandes et puissantes mâchoires, et des dents acérées pour saisir les animaux qu'il veut manger. Après qu'il a attrapé une proie, il l'entraîne sous l'eau.

- a des pierres dans l'estomac pour l'aider à broyer les aliments.

- mange des poissons et d'autres animaux – même des êtres humains!

un crocodile

Tire la langue!

Regarde encore la langue du caméléon aux pages 4 et 5. Avec cette langue étonnante, il peut attraper un insecte et l'attirer dans sa bouche en un clin d'œil.

Le pic chevelu peut introduire sa longue langue dans les galeries creusées par les insectes pour attraper des fourmis et des scarabées.

un pic chevelu

La langue du crapaud est attachée à l'avant
de sa bouche. (Ta langue est attachée à l'arrière
de ta bouche.) C'est avec le coussinet gluant
situé à l'extrémité de sa langue qu'il peut
capturer les insectes.

un crapaud

Le fourmilier possède une langue en forme de
ver. Cette langue longue et gluante est parfaite
pour attraper des milliers de fourmis et
de termites chaque jour. La langue géante
du fourmilier est plus longue que ton bras!

un fourmilier

Passe les plantes, s'il te plaît

Une même plante peut nourrir différents animaux. Un lapin peut grignoter les feuilles d'une plante. Un insecte peut se nourrir de ses racines. Un colibri peut sucer le nectar de ses fleurs. Une souris peut manger ses graines.

Maintenant, regarde tout là-haut, pour découvrir la particularité de cette girafe.

une girafe

La girafe…

- est le plus grand animal de la terre.

- a de longues pattes et un long cou qui lui permettent d'atteindre les feuilles qui sont hors de portée des autres animaux.

- enroule sa langue autour des feuilles et les tire jusqu'à l'intérieur de sa bouche.

- a une langue qui est protégée des rayons du soleil par un écran solaire naturel.

Casser la graine

Toutes les plantes qui fleurissent produisent des graines. Ces graines constituent le repas de beaucoup d'animaux affamés.

Un geai bleu emprisonne une grosse graine sous ses pattes. Puis il frappe sur la graine avec son bec pour en casser la coque.

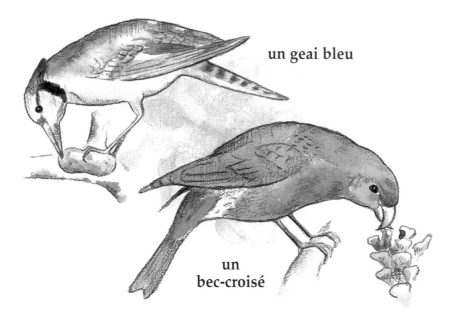

un geai bleu

un
bec-croisé

Le bec-croisé possède un bec recourbé et acéré. La forme de son bec est idéale pour extraire les graines des pommes de pin.

Tout est dans les joues

Le hamster européen possède des joues semblables à de grosses poches, où il emmagasine les graines. Il transporte les graines jusque dans son terrier et les amasse pour avoir de la nourriture pendant l'hiver.

Si un hamster est attaqué, il peut jeter les graines qu'il a dans ses joues à la tête de son ennemi pour avoir ainsi le temps de s'échapper.

Avec son nez

Le bison est le plus gros animal terrestre en Amérique du Nord. Il mange de l'herbe toute l'année.

Alors, que fait-il en hiver, quand l'herbe est recouverte de neige? Il utilise son gros nez plat comme un chasse-neige pour découvrir l'herbe.

Des capricieux

Certains animaux ne peuvent manger qu'une sorte de nourriture.

Le panda géant n'accepte que les feuilles tendres et les tiges du bambou. Il en mange beaucoup! Un panda géant passe de 10 à 12 heures par jour à se nourrir.

un panda géant

De la viande au menu

Les animaux qui se nourrissent de viande passent la plupart de leurs journées à essayer de repérer et de tuer leur prochaine proie. Beaucoup de carnivores ont la vue, l'ouïe et l'odorat très développés, ce qui les aide à chasser.

Certains animaux, comme le vison, chassent seuls. D'autres animaux, comme le loup, chassent en groupe.

une belette
à longue queue

La belette à longue queue...

- a de puissantes mâchoires et des dents acérées pour tuer et maintenir dans sa gueule des souris, des écureuils, des oiseaux et des lapins.

- entrepose de la nourriture pour l'hiver à l'intérieur de son terrier.

- a un pelage brun, qui devient blanc en hiver. Elle peut ainsi se cacher pendant qu'elle chasse.

Grand ouvert!

Le serpent possède des mâchoires spéciales qui
s'ouvrent très grand et lui permettent d'avaler
un animal entier, même
s'il est plus gros que
sa tête!

un python mangeant
un daim

Le python est l'un des plus grands
serpents au monde. Il chasse en
enroulant son corps puissant autour
d'un animal et en le serrant jusqu'à ce
qu'il meure. Le python avale ensuite
l'animal en entier.

Restauration rapide

Quand un serpent fait un bon repas, il peut ensuite passer beaucoup de temps sans manger. D'autres animaux doivent manger sans cesse pour avoir l'énergie dont ils ont besoin.

Le colibri dépense beaucoup d'énergie tous les jours. Il doit manger constamment pour rester en vie.

un colibri roux

Rien ne se perd

Dans la nature, on appelle « charognards »
les animaux qui mangent les restes des corps
laissés par les autres animaux. Ils attendent
que les autres animaux aient tué leur proie,
puis viennent manger ce qui reste.
L'urubu à tête rouge est un
charognard expert.

un urubu
à tête rouge

L'urubu à tête rouge…

- se nourrit principalement d'animaux morts.

- a une vue perçante et un odorat très développé pour l'aider à trouver sa nourriture.

- utilise son long bec crochu et ses griffes acérées pour déchirer la chair des animaux morts.

Chacun son tour

À l'heure du repas, toute ta famille est réunie autour de la table pour partager la nourriture. Les animaux sauvages qui vivent en famille, comme les loups ou les lions, partagent aussi leur nourriture.

Chez les loups, le chef du groupe et les femelles mangent en premier. Les autres loups viennent se joindre à eux plus tard.

des loups

Qui mange quoi?

Certains animaux amassent de la nourriture quand il y en a beaucoup, en prévision des moments où il y en aura moins. Voici quelques animaux et la nourriture qu'ils amassent.

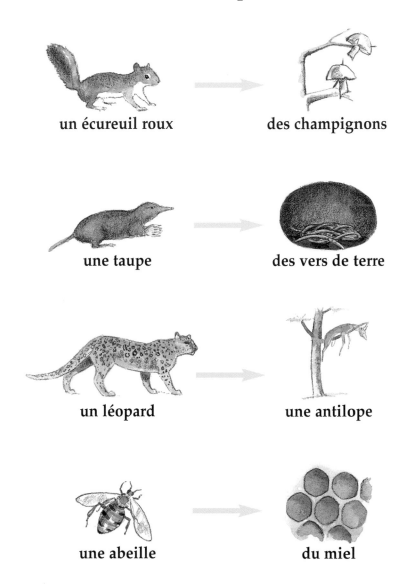

un écureuil roux   des champignons

une taupe   des vers de terre

un léopard   une antilope

une abeille   du miel

As-tu soif ?

Tous les êtres vivants ont besoin d'eau. Quand tu as soif, ton corps te dit qu'il a besoin d'eau.

Les animaux se procurent l'eau dont ils ont besoin de diverses façons. Certains animaux boivent par la bouche, comme toi.

un lion

des animaux buvant
à un point d'eau
en Afrique

des zèbres

des girafes

des chacals

La grenouille et le crapaud ne boivent
pas par la bouche. Ils absorbent l'eau dont
ils ont besoin par leur peau.

Le koala ne boit pas, car les feuilles qu'il mange
lui procurent toute l'eau dont il a besoin.

un koala

Des liquides nourrissants

Pour certains animaux, boire ne sert pas seulement à absorber de l'eau, c'est aussi leur façon de se nourrir.

La chauve-souris vampire est bien connue pour se nourrir en buvant du sang. Cette lamproie se nourrit avec le sang d'autres poissons.

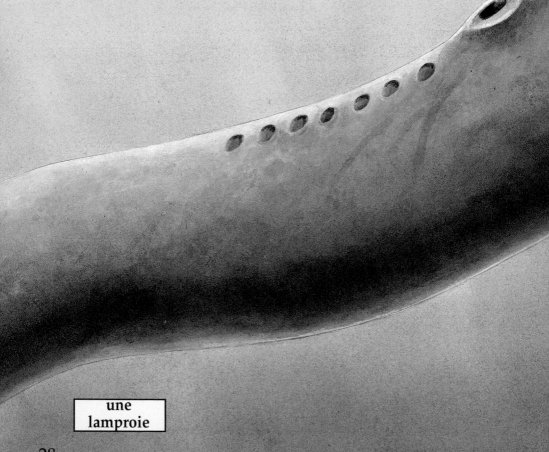

une
lamproie

La lamproie...

- n'a pas de mâchoires. Elle a une ventouse buccale ronde qui peut se coller sur les autres poissons.

- a une bouche munie de 125 dents acérées. Elle remue ses dents d'avant en arrière pour creuser un trou dans le corps du poisson et en boire le sang.

Une petite douceur

Pour le colibri et certaines chauves-souris,
le nectar des fleurs est un
vrai régal. Ces animaux
ont une langue très
longue pour atteindre
l'intérieur de la fleur
et aspirer son nectar.
Quelques insectes
se nourrissent aussi
de nectar.

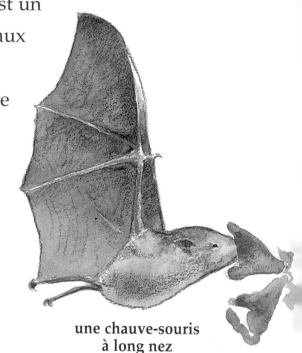

une chauve-souris
à long nez

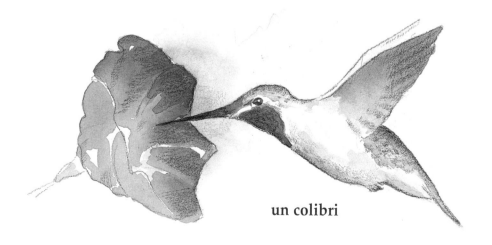

un colibri

Le pic maculé aime se nourrir de la sève
des arbres. Avec son bec dur et pointu,
il fait des trous dans le tronc des arbres.
Les trous se remplissent de sève sucrée
et l'oiseau la lèche avec sa longue langue.

un pic maculé

Réponses

**Voici ce que mangent
les animaux de la page 7.**

- Le bombyle et le moustique mâle
  se nourrissent du nectar des fleurs.

- Le moustique femelle se nourrit du sang
  des animaux, tels que les oiseaux et les élans,
  ainsi que du sang des êtres humains.

- L'élan mange des plantes.

- La libellule mange des moustiques.

- La grenouille mange des insectes.

- Le héron mange des grenouilles
  et des poissons.

- Le poisson mange des grenouilles
  et des insectes.

- Le balbuzard pêcheur mange des
  poissons.